Joseph von Eichendorff

Das Incognito

Ein Puppenspiel

Joseph von Eichendorff: Das Incognito. Ein Puppenspiel

Entstanden: Wahrscheinlich zwischen 1840–1843.
Erstdruck: Unvollständig, in: »Deutsche Dichtung«, herausgegeben
von Karl Emil Franzos, Stuttgart, 1888. Vollständiger Erstdruck
herausgegeben von K. Weichberger, Oppeln (Maske), 1901.

Neuausgabe mit einer Biographie des Autors
Herausgegeben von Karl-Maria Guth
Berlin 2016

Der Text dieser Ausgabe folgt:
Achim von Arnim: Das Loch oder Das wiedergefundene Paradies,
Joseph von Eichendorff: Das Incognito oder Die mehreren Könige
oder Alt und Neu. Texte und Materialien zur Interpretation besorgt
von Gerhard Kluge, Berlin: Walter de Gruyter & Co., 1968 [Komedia
Band 13].

Die Paginierung obiger Ausgabe wird hier als Marginalie zeilengenau
mitgeführt.

Umschlaggestaltung von Thomas Schultz-Overhage unter Verwendung
des Bildes: Johann Georg Dathan, Hofnarr Clemens Perkeo vor dem
Schwetzinger Schloss, um 1725

Gesetzt aus der Minion Pro, 11 pt

Verlag: Henricus - Edition Deutsche Klassik GmbH
Mörchinger Str. 33, 14169 Berlin, info@henricus-verlag.de
Druck: Libri Plureos GmbH, Friedensallee 273, 22763 Hamburg

Die Ausgaben der Sammlung Hofenberg basieren auf zuverlässigen
Textgrundlagen. Die Seitenkonkordanz zu anerkannten
Studienausgaben machen Hofenbergtexte auch in wissenschaftlichem
Zusammenhang zitierfähig.

ISBN 978-3-86199-861-7

Bibliografische Information der Deutschen Nationalbibliothek

Die Deutsche Nationalbibliothek verzeichnet diese Publikation in der
Deutschen Nationalbibliografie; detaillierte bibliografische Daten sind
im Internet über www.dnb.de abrufbar.

Das Incognito

oder

Die mehreren Könige

oder

Alt und Neu

Ein Puppenspiel

I.

*Freies Feld. König mit Krone und Szepter und Narr treten
rasch auf.*

KÖNIG.

Nimmt denn die Erde kein End einmal!
Das Reisen ist mir schon ganz fatal.
Gibt's denn nichts Neues? kein Krieg, kein Kurier?

NARR.

Die Welt schmaucht ihr Pfeifchen beim Glase Bier.

KÖNIG.

Du wirst auch schon jetzo recht ennüyant,
Je mehr du kommst zu Jahren und Verstand.

NARR.

Das lohnte auch noch, ein Narr zu sein,
Pfuscht jeder mir ins Handwerk hinein.
Man hat nichts voraus mehr mit seinen Gaben,
Seit alle Narren Gewerbfreiheit haben.

Man hört einen Kanonenschuß in der Ferne.

KÖNIG.

Ha, Narr, sag' an, was ist das gewesen?

NARR.

Vaterlandsliebe und Gemeindewesen,
Sie können den Patriotismus nicht mehr halten,
Sie sahen vom Turme uns dort und knallten.

KÖNIG.

Wahrhaftig, schon wieder eine Stadt!
Ich wette, da gibt's wieder die alte Geschichte:
Weiße Mädchen und schwarzer Magistrat,
Gute Leute und schlechte Gedichte,
Entsetzlich Geschrei, das man Vivat nennt –
Man kann nicht treten vor Kompliment –
Das halt' der Teufel aus, Gott's Sapperment!
Da werf' ich von mir Kron', Szepter und Talar,
Will auch ein Mensch sein ganz und gar,

Laß' die Chausée gradaus immer laufen,
Will im Wald vom Regieren verschnaufen.
In diesen neuaquirierten Provinzen
Sah noch niemand weder König noch Prinzen,
Da sollen unschuldige Hirten
Ungekannt ihren Herren bewirten,
Ich will auf Erden

Um mein selbst geliebt und geehret werden,
Incognito schneiden in zarte Rinden
Meinen Namen mit der Krone auf alle Linden,
Daß einst die künft'gen Geschlechter lesen:
Das ist ein philosophischer König gewesen!

Ab.

NARR.

Da ist er durch Strauch und Nesseln gebrochen,
Als hätt' ihn eine Bremse gestochen.
Hier liegt noch Kron', Szepter, das freut mich nicht wenig.
Macht er den Narren, so mach' ich den König.

Er schiebt Kron und Szepter in den Schubsack und singt.

O kluge, kluge Welt, wie fein
Deine Schellenkappe klinge,
Kluge Welt, sollst mein Hofnarr sein.
Fang' an deine lustigen Sprünge!

Ab.

II.

Platz am Tore einer kleinen Stadt, viel Volk durcheinander,
Paphnutius und der Bürgermeister.

BÜRGERMEISTER.

Platz da! Der Herr Kommerzienrat!

PAPHNUTIUS.

Nun wie ich euch sage, der Potentat
Kommen incognito in die Stadt
Gleichwie ein Hirt unter seinen Rindern
Zu den geliebten Landeskindern.

BÜRGERMEISTER.

Da wird man ja ganz im Kopfe verwirrt,
Rinder, Hirt, König und Hirt und nicht Hirt,
Als wär' ich selber meine eigne Frau Schwester!

PAPHNUTIUS.

Das nennt man so diplomatisch, mein Bester:
Der König nennt Graf sich und lächelt ein wenig,
Wir aber verneigen uns untertänig
Und lächeln und tun, als ob wir's glauben,
Er tut, als glaubt' er, daß wir's glauben
Und so aus Lächeln und solchem Glauben
Und Gegenglauben, an den niemand glaubt,
Bestehen die Staaten überhaupt. –

ERSTER BÜRGER.

Der König muß gleich kommen, man
Hört schon in der Ferne den Wagen rumpeln.

ZWEITER.

Frisch die Rosen und Vergißmeinnichts auf den Weg gestreut!

DRITTER.

Haltet den Galgen fest.

VIERTER.

Galgen! 's ist ja das Triumphtor –

SECHSTER.

Platz da! Hurrah, vivat hoch!

38

ANDRER.

Kommt er geritten, gefahren oder gegangen?

DRITTER.

Nichts von allem, incognito kommt er.

VIERTER.

Die Hirten sagten's, so reist er prompter.

FÜNFTER.

Wo ist die Lampe, der Opferaltar?

SECHSTER.

Und die Jungfern mit den Kränzen im Haar?

SIEBENTER.

Sie haben ihn im Gedränge umgestoßen –

ACHTER.

Und sich die weißen Kleider mit Öl begossen.

GYMNASIAST.

Phoebus, mit rosenwangigen Rossen

NEUNTER.

Macht dem Platz! Der memoriert!

ZEHNTER.

Aha, der Schüler, der den König salutiert.

BÜRGERMEISTER.

Man kann ja hier vor Menschheit nicht treten. –
Kurz, und wenn sie mir die Kehle vernähten,
Incognito oder nicht,
Ein Patriot doch in Vivat ausbricht,
Ihr wißt schon, ich bin immer so grade aus.

Man hört draußen ein Posthorn.

BÜRGERMEISTER.

Da kommt er. Jetzt schmettert, ihr Flöten,
Blaset die Baßgeigen, streicht die Trompeten!

*Tusch. Währenddeß tritt der Narr in einfacher Reisetracht
durch das Tor herein.*

GYMNASIAST *den Paphnutius anredend.*

Phoebus mit den rosen-

PAPHNUTIUS *ihn zum Narren wendend.*

Hier herum, Narr!

NARR.

Narr? Narr? – ja so – ich dachte schon gar.

GYMNASIAST.

Greif' dir im Fluge die Adler, sie reißen –

NARR.

Ha, den schwarzen, den roten, den weißen!

GYMNASIAST.

Auf zu den Sternen dich aus dem Engen!

NARR.

Es bleibt dir einer im Knopfloche hängen!

GYMNASIAST.

Ja, nicht vergebens –

NARR.

Freut euch des Lebens!

GYMNASIAST.

Manneskraft blüht!

NARR.

Wenn noch das Lämpchen glüht!

Er faßt den Gymnasiasten begeistert bei der Hand.

Und für alle diese Tugend
Will die edelmüt'ge Jugend
Rührend nichts, als Brot, Brot, Brot!
Aber ich sage: wer auf Leben und Tod
Nur befolgt jene ewigen Lehren,
Dem wird man auch Butter aufs Brot bescheren,
Ja, schmiere nur, junges Blut,
Im Alter schmeckt es gut!

Unauslöschliches Hurra.

PAPHNUTIUS.

Woll't Ihr mit hohem Fuß mein niedres Haus beglücken?

NARR.

Ja wohl, Paphnutius, ich möchte gern frühstücken.

Alle ab.

III.

Rasenplatz vor einem Dorfe. Bauernhochzeit. Tanz und Gesang.

REIGEN.

   Wir dampfen,
   Im Stampfen,
   Und nimm es nicht krumm,
   Dein Bengel
   Mein Engel
   Der schwenkt dich herum.

KÖNIG *der sich lustwandelnd nähert.*

   Oh, ein bukolisches Vergnügen,
   Zwei Herzen, die einander kriegen!

Ein Bursch und ein Mädchen treten rasch aus dem Tanz.

ER.

   Du sollst nicht nach den Burschen schaun!

SIE.

   Und du nicht nach den jungen Fraun!

ER.

   Ich laß' mich unter die Soldaten werben!

SIE.

   Ich werd' drum nicht ab Jungfer sterben.

KÖNIG.

   Die zanken ja recht grob und laut.
   Wer bist du, holdes Kind?

SIE.

   Die Braut.

KÖNIG.

   Braut? Du? Ei, ei – ha, ich verstehe –
   Ein harter Vater – gezwungne Ehe
   Du kannst den Jüngling dort nicht lieben?

SIE.

   Warum nicht? Hat'nen hübschen Hof da drüben,
   Drei bunte Kuh und ein fettes Schwein.

KÖNIG.

Ach, das ist ja ganz gemein.

Hymen, nur Seele an Seele reiht er –

SIE.

Da kommt der Vater, mit dem gackelt weiter.

Läuft fort.

KÖNIG *zum Vater.*

Hört, aus der Partie wird nichts, ihr Herrn!

VATER.

Oho, ein fremder Lustigmacher,

Die wittern den Hochzeitsbraten von fern.

KÖNIG.

Zärtliche Herzen, sie sind nicht zum Schacher.

VATER.

Zu schachern? Topp, Jude! heut kauf' ich gern!

KÖNIG.

Des Starrkopfs Tücken hier will ich wandeln.

EIN BAUER.

Wie? Mit Kopfstücken will er handeln?

KÖNIG.

Ja, ich verlange höh're Gesittung –

VATER.

Was! und darüber verlangt er noch Quittung?

KÖNIG.

Hoch in der Luft –

BAUER.

Wo?

KÖNIG.

Walten und schlummern – 41

VATER.

Wo siehst du Nummern?

KÖNIG.

Was denn?

BAUER.

Bei Gott, da kommen sie an.

BAUERN UND TÄNZER *plötzlich nach allen Seiten auseinanderstiebend.*

Die Nummernjäger! rett' sich, wer kann!

KÖNIG.

Was kommt denn da für ein entsetzlich Schnattern?
Die Luft wird dunkel, Papiere flattern.

Fliegende Hefte im Wind, hinterdrein die Nummernjagd.

ERSTER JÄGER.

Das ist fürwahr jetzt ein unruhig Wetter,
Der Wind verwirrt uns die zahmsten Blätter.

OBERJÄGERMEISTER.

Das müßige Volk hat da auch noch Zeit
Zu Narreteien und Lustbarkeit!
Nun ja, nicht rechts und nicht links geblickt,
Gestoßen, gehascht und aufgespickt,
Der hohen Bestimmung nicht vergessen!

ZWEITER JÄGER.

Das ist einmal ein Aktenfressen.

DRITTER JÄGER.

Da seht, ein kapitales Stück,
An die zweihundert Folien dick!

KÖNIG.

Halt, halt! ich seh's an den Tintenfässern,
Sind meine Leut', die die Welt verbessern.

OBERJÄGERMEISTER.

Wer ist allhier denn so verwegen,
Sich dem Geschäftsgang in den Weg zu legen?

ERSTER JÄGER.

Gewiß ein Poet, so ein Allotrientreiber.
Seid nützlich, Mensch, engagiert euch als Schreiber.

KÖNIG.

Aber so hört' doch – ein Herz bricht vor Leid,
Ein tyrannischer Vater, der zum Himmel schreit –

OBERJÄGERMEISTER.

Ach was da, wir haben keine Zeit!

DIE ANDERN.

Platz hier, halt' das Gemeinwohl nicht auf!

Für König und Vaterland, hurra, frisch drauf!

Sie stürmen weiter.

EIN BAUER *steckt den Kopf vorsichtig aus dem Gebüsch hervor.*

Ich trau noch nicht recht, ist's wieder vorüber?

KÖNIG.

Aber, was war denn das eigentlich, mein Lieber?

Das trampelt ja über Beete und Saat –   42

BAUER.

Man nennt das hier zu Lande den Staat,

Das pflegt so manchmal heraufzurucken

Wie Hagel und andre Kalamität

Man muß sich eben ein wenig ducken,

Und nur nicht mucken, es kommt und geht

Und bleibt am Ende alles beim Alten.

KÖNIG.

Ich glaube, ihr seid hier alle verdreht.

Ich kann vor Verwunderung den Kopf noch nicht halten.

REIGEN *wieder hervorbrechend.*

Jetzt hampelt

Und trampelt

Von frischem herum!

KÖNIG.

Und auch der Tanz da, das wilde Schwenken,

Gar keine Grazie in den Gelenken!

REIGEN.

Wer schwatzt da?

He, Platz da!

Wir rennen dich um!

Der König wird tanzend von der Bühne gedrängt.   43

IV.

Kirchhof. Vor Tagesanbruch, im Felde, man hört aus der Ferne Getöse, Lärm und zuweilen dazwischen Gesang herübertönen. Währenddes ruckt und hebt sich hier und da der Boden.

KRIEGSGESANG *draußen.*
>Licht! Licht! Licht! Licht!
>Der Geist durchbricht!
>Dem Menschengeist Verehrung!
>Ha! Auf! auf, auf –

BIESTER *sich ungeduldig herauswühlend duckt plötzlich mit der Schlafmütze auf dem Kopfe empor und schreit.*
>Aufklärung! –
>Ich weiß nicht, ist mir noch so wüst im Kopf,
>Als hätt' mich jemand plötzlich erwischt beim Zopf.

Er sieht sich nach allen Seiten um.

>'S ist aber doch noch recht eklig finster,
>Das sind gewiß so Jesuitengespinster.

NICOLAI *noch im Boden.*
>Jesuiten? Ei, die soll –

Sich emporreckend.

>Philosoph noch ein jeder Zoll!

BIESTER.
>Ah, Herr Kollege, auch schon wach?

NICOLAI *sich die Augen reibend.*
>Mir war's, der Zeitgeist kräht vom Dach.
>Ich hört' unsre Stichwörter durch die Luft fliegen,
>Da mag der Teufel länger im Grabe liegen.

BIESTER.
>Die Herren Romantiker sagen,
>Sie hätten uns alle totgeschlagen,
>Ja, gehorsamer Diener! –

SEBALDUS NOTHANKER *auch ebenfalls aufduckend.*

43

Ganz ergebenster Knecht.

BIESTER.

Ih, unser würd'ger Herr Magister, seh' ich recht.

NOTHANKER.

Geht's wieder los? Hab' schnell schon meine Perücke genommen.

Hatt' da mein ruhig Unterkommen.

GESANG *draußen.*

Nationen etc. – Tand!

Welt, mein Vaterland!

BIESTER.

Schon wieder! Was soll das nur bedeuten?

Das sind gewiß von unsren Leuten.

NICOLAI.

Wachtfeuer – Seh'n Sie dort den Schimmer?

Fort, fort, dem *Lichte* nach wie immer.

Alle ab.   44

V.

*Vor Tagesanbruch. Freies Feld. Ralf, Kunz und andre Soldaten
liegen um Wachtfeuer. Ein Offizier steht gedankenvoll im
Vordergrunde, auf seinen Regenschirm gestützt.*

RALF.

Vom Tage noch immer keine Spur.

KUNZ.

Was Wunder! wir steh'n ja hier auf der Vorhut der Kultur.

RALF.

Nur Nachtvögel durch die Nebel jagen.

KUNZ.

Sie wittern's, ihr letztes Stündlein hat geschlagen;

Wären sie nie geboren, ihnen wäre wohl.

OFFIZIER *halb für sich.*

Außen morsch, pfui, pfui, und inwendig hohl!

SOLDATEN *singen in der Ferne.*

Von der Welt die Freiheit verschwunden ist!

OFFIZIER.

Frägst du nach Religion zu dieser Frist:

Man nennt dir Mohammedaner, Juden, Christ –

SOLDATEN *singen.*

Man sieht nichts als Herren und Knechte!

OFFIZIER.

Ha, bin ich denn allein hier der Gerechte?

Weh! Warum muß ich von allem Wehe wissen,

Das mich, wie tausend Morde, hat zerrissen?

Die Erde bis in den tiefsten Kern zerspalten –

O unglücksel'ger Atlas, sie zu halten!

Und nun fängt's gar noch an zu regnen,

Ha, auch noch dies muß mir begegnen!

*Indem er verzweifelt den Regenschirm aufspannt, kommen
Nicolai, Biester, Nothanker etc. Er stößt sie auf die Seite und
schreitet tiefsinnig weiter.*

15

NICOLAI.

Ei seh't doch, trägt eine Brille der Fant
Und hätt' uns doch fast umgerannt.

RALF *sie anrufend.*

Halt! Wer da? Etwa gar romant-?

NICOLAI.

Ih, daß uns doch Zeus davor behüte!

BIESTER.

Warum nicht gar noch Jesuite!

NICOLAI *noch immer entrüstet dem Offizier nachsehend.*

Aber was war denn der Herr Leutnant so echauffiert?

KUNZ.

Das kommt so, wenn man sich übermarschiert,
Er hat wieder seinen Anfall von Weltschmerz,
Das ist so eine Art von Heldscherz.
Aber jetzt macht euch nicht so breit hier!
Parol und Feldgeschrei! Wer seid Ihr?   45

NICOLAI.

Weltbürger. Hörten im Feld euer Geschrei,
Schien uns viel Verstand dabei,
Da nahmen wir geschwind unsere Perücken,
Um euch brüderlich die Hand zu drücken.

RALF.

Wer ist denn die? – aus dem Fräuleinstift?

BIESTER.

Es ist unsre blaue Monatsschrift,
Etwas verblüht schon und zerlesen,
Dünn und verschossen, das liebe Wesen.

KUNZ.

So macht ihr doch eine neue Ode
So von Rokoko, das ist jetzt wieder Mode.

DIE BLAUE *pikiert.*

Frag' nach Odenschneidern nichts, noch Dichtern.

RALF.

Die Mamsell ist gar nicht schüchtern.

BIESTER.

Ihr Herren, wir schliefen da unter den Bäumen,

Da fingen wir an, bedenklich zu träumen
Mit allerhand Visionen und Gesichtern –
Ich sehe hier die Kaffeekannen schäumen,
Wenn's erlaubt ist, – das macht hübsch nüchtern.

Sie setzen sich alle um das Feuer zu den Soldaten.

NICOLAI.
Aber sagen Sie doch, verehrliches Korps,
Was haben Sie allhier denn eigentlich vor?
RALF.
Seh'n Sie dort drüben die alte Stadt
Sich finster in der Dämmrung türmen?
NICOLAI.
Ja, etwas finsterlich und platt.
RALF.
Die wollen wir stürmen!
BIESTER.
Da rat' ich doch, vorsichtig und bedächtig.
RALF.
Ei was! Der Fortschritt ist allmächtig.
KUNZ.
Das Große schafft sich selber Bahn.
NICOLAI.
Aber was hat Ihnen denn die Stadt getan?
RALF.
Drinn wohnt die alte gute Zeit,
Wir denken, und sie essen – das tut uns leid.
Sie sitzen gähnend um ihre Fleischtöpfe,
'S ist eine Schande, und tragen noch Zöpfe,
Wir haben nichts und sie sind reich,
Wir überfallen sie und machen alles gleich.
KUNZ.
Hört Ihr die Nachtigallen schlagen? es rauschen
Die Springbrunnen in den Gärten – da lauschen
Hinter ihren seid'nen Gardinen im Schlummer
Die Aristokraten und werden immer dummer.

RALF.

Wir lassen in den Gärten die verschnittnen Hecken
Nach allen Seiten sich in die Freiheit strecken,
Die Wasserkünste sollen wieder vernünftig fließen,
Das Vieh tränken und überrieseln die Wiesen.

BIESTER *entzückt.*

Jeder wieder frei des eignen Kohles warten.

NICOLAI *ebenso.*

Ja, alles Ein Weltgemüsegarten!

RALF.

Horch't, die Morgenglocken schon herüberhallen.

KUNZ.

Das ist des Mittelalters Lallen.

RALF.

Wir machen Lokomotiven aus ihren Metallen.

KUNZ.

Die Vernunft liest Messe und die Kirchen fallen!

DIE BLAUE.

Himmel, diese Laute –
Wie alte Vertraute –

Zu Ralf, Kunz und den andern.

Sind Sie nicht aus der Residenz?

RALF.

Ja, das Mir und Mich.

BLAUE.

Wo der viele Sand?

KUNZ.

Und der große Verstand.

BLAUE.

Ja, dies Gefühl ist keine Lüge,
Diese Familienzüge –

NICOLAI.

Diese kritischen Nasen –

BIESTER.

Die prächtigen Phrasen.

47

18

BLAUE.

An mein Herz! Ihr seid meine Kinder und da

Auf Nicolai deutend.

Euer natürlicher Papa.

RALF.

Das ist ja rührend, wir dachten immer,
Wir hätten uns selber erschaffen.

BLAUE.

Durch die Aufklärung – ohne Ehe.

KUNZ.

Ich verstehe.

BLAUE.

Nennt mich nur Tante.

NICOLAI.

Doch wer stört da die Familienszene?

RALF.

Herr Onkel, ich höre wütend sprechen,
Es sind zwei Duellanten, die da den Tag anbrechen.

FREIMUND *draußen.*

Nicht weiter hier, nicht einen Fuß!

KUNZ.

Da hat gewiß unser Regimentsdichter wieder Verdruß.

Freimund und Willibald stürzen miteinander fechtend herein.

WILLIBALD.

Wart', jetzt streck' ich doch, ich wette,
Nieder dich mit dem Sonette!

FREIMUND.

Der Jambe ist ein Dolch zum Streiten,
Aus Begriffen
Von beiden Seiten
Scharf geschliffen,
Die eine kritisch,
Die andre politisch!

WILLIBALD.

Bah, das ist nix

Hier ein Spondäus fix!
Da parier' einmal
Dies Madrigal!
FREIMUND.
Längst stumpf und schal!
Mein Arm ist Stahl.
Und Stein die Welt versunken,
Hau' drein, da gibt's Funken
Und Funken geben Licht
Und jedes Gedicht
Ein Weltgericht!

RALF.
Göttlich! wie ein antiker Heros ficht er!

Dazwischentretend, zu Freimund.

Aber genug nun des Gemetzels, Herr Regimentsdichter!
Wo trafen Sie den fremden Mann?
FREIMUND.
Im Felde draußen, er sah die Sterne an;
Ich rief ihm zu: er existier' ja nicht mehr!
Da meint er frech, das glaub' er schwer.
NICOLAI *auf Willibald deutend.*
Wer ist denn der mit der Hellebarde?
RALF.
Einer von der alten romantischen Garde.
NICOLAI *erschrocken zurücktretend.*
Herrje! bindet den Kerl! Die schlagen alles tot!
WILLIBALD.
Aber so hört mich doch nur, Schwerenot!
Hab' in meiner jungen Zeit
In der Waldeinsamkeit
Das Waldhorn geblasen.
Aber bei eurem Schrei'n und Rasen
Die Rehe nicht mehr im Mondschein grasen,
Um's Waldhorn sich jetzt niemand mehr schiert,
Da bin ich zu euch herüberdesertiert.

RALF.

Ja, in Ihrer Waldeinsamkeit
Haben Sie ganz versäumt die Zeit,
Ich hoffe, Sie werden sich noch applizieren.
Sie müssen nur tüchtig nachexerzieren.

BIESTER.

Ja, das kann den Herren nichts schaden,
Lebten ins Blaue hinein wie die Nomaden.

KUNZ.

Na, stecken Sie jetzt Ihren Spieß in den Boden,
Setzen Sie sich zu uns und holen Sie erst Odem;
Dann geht's mit Kriti- und Suitisieren
Unaufhaltsam fort ans Emanzipieren:
Juden, Fleisch, Weib, Nationen,
Wo sie schachern, wo sie wohnen.

WILLIBALD *der sich zu ihnen an das Feuer gesetzt.*

Doch ich habe zu Hause Kinder und Frau
Und die Romantik ging jetzo flau,
Wenn ich mich lasse anwerben hier,
Was geb't Ihr denn als Handgeld mir?

RALF.

Wir pflegen nur in Papier zu zahlen,
Ein preisender Artikel in unsern Journalen,
Wo du philosophisch wirst entwickelt
Und bist du bei uns erst eingeartikelt,
Dann lobst du uns wieder,
So sind wir Brüder.

WILLIBALD *sich unruhig umsehend.*

Tout comme chez nous! – Aber ich weiß nicht, hier um's Feuer,
Es ist mir da nicht ganz geheuer –
Mitten unter uns sind tote Leut'!

NICOLAI *erschrocken.*

Sie sind wohl gar nicht recht gescheut!

Leise zu Biester.

Die Romantiker gleich jeden Spuk aufspüren.

BIESTER *ebenso.*

Er wird uns hier noch kompromittieren.

NICOLAI *laut.*

Meine Herren, Sie wollen uns nur schrauben,

Sie werden doch nicht an Geister glauben?

BIESTER.

Ha, wahrlich, das ist kolossal!

RALF *welcher beide genauer betrachtet.*

Ihr schaut in der Tat ein wenig fahl.

Wollt Ihr mit uns fraternisieren,

Müß't Ihr Euch nach dem Zeitgeist modernisieren

Fort mit dem Zopf vom freien Rücken!

Daß sie uns nicht die Gedanken erdrücken,

Hängen wir jetzt an's Kinn die Perücken

à la Gog, Magog –

WILLIBALD.

Demagog oder Ziegenbock.

ALLE *plötzlich durcheinander gegen Willibald.*

Nun, abgeschabt ist auch schon Ihr altdeutscher Rock –

Sieht noch durch gemalte Fenster –

Des Mittelalters Hexen und Gespenster –

So ein rückwärts gewandter –

Von der Zeit längst überrannter –

Ritterlich galanter, hirnverbrannter –

RALF.

Aber was gibt's denn da?   50

DRAUSSEN.

Halleluja!

KUNZ.

Ruhig jetzt allzumal,

Unser Frau General!

FREIMUND.

Welt, lauschend harre!

MATHILDE *tritt rasch auf, zwei deutsche Jünglinge tragen ihre Schleppe.*

Heda, eine Zigarre!

DIE SCHLEPPTRAGENDEN JÜNGLINGE.

Sie schwänzelt so viel hin und her,
Wir müssen hinter ihr immer kreuz und quer.

NICOLAI *leise zu Biester.*

Wie 'ne alte Jungfer – etwas schofel.

BIESTER *ebenso.*

Hat im Gürtel einen Ungeheuern Pantoffel.

MATHILDE.

Gegrüßt mein Volk, das mich emanzipiert!
Schon glüh'n vom Morgenrot der Zeit die Wangen
Des freien Weibes, das zum Sieg euch führt;
Die gute alte Zeit und was vergangen,
– Die Jungfer hat mich heut zu fest geschnürt! –
Es hat vor Langerweil' sich selbst erhangen.
Ein Orgelstrom von Stimmen fern und nah,
Die Nacht geht unter und der Tag ist da!

DRAUSSEN.

Halleluja!

MATHILDE.

Sie glauben mir alles, wie sonst den Pfarren –
Zum Sterben ennuyant mit den guten Narren!
Auch die Zigarre brennt mich an die Nasen –
Will Hirtin spielen hier auf dem Rasen.

Sie setzt sich auf den Boden.

Pfui, das Gras ist naß und die Erde hart!

Zu Kunz.

Da breite mir unter deinen frisierten Bart. –
Es schmeckt doch nichts recht, wenn man von allem nascht,
Die Welt hat nichts mehr, das mich überrascht.
Was fang' ich nun mit der langen Freiheit an?
Ich wünscht, Kunz, du wärst ein Tyrann!
Rück' weiter her, sitz' noch nicht recht –
Die Männer sind doch ein recht ungeschicktes Geschlecht.

KUNZ.

Bin etwas dick, das Bücken wird mir schwer.

51

MATHILDE *aufspringend.*
  Nein so geht's auch nicht – ein Sofa her!

  Es wird eilig gebracht. Sie setzt sich. Zu Ralf.

  Neig' dich als Schemmel meinen Füßen.
RALF *sich vor ihr niederstreckend.*
  Laß mich begeistert deinen Pantoffel küssen,
  O freies Weib!
MATHILDE.
  Schafft Zeitvertreib!
  Soll ich euch hier kommandieren,
  Um mich so elend zu ennuyieren?
  Was wird denn heut in der Stadt gegeben?
FREIMUND.
  Ein Spion brachte den Komödienzettel eben:
  »Der Marschall Rückwärts oder wer lacht zuletzt?«
  Ein altes Stück, nur neu besetzt,
  Die Baschkiren tanzen ein Menuett darin.
MATHILDE.
  Das will ich sehn, da muß ich hin!
KUNZ.
  Aber wie willst du in die Loge kommen?
  Wir haben ja die Stadt noch nicht genommen.
MATHILDE.
  Ihr seid ja Männer, das ist eure Sache,
  Berenn't den Wall, überrenn't die Wache,
  Ich will noch heute auf den Schanzen
  Mit dem Burgemeister tanzen.
RALF.
  Aber wenn man doch keine Leitern hat!
  Der Wall ist hoch, die Mauern glatt.
MATHILDE.
  Jetzt hab' ich eure Flausen satt.
  So müß't Ihr unterminieren die Stadt,
  Ich will als Genius durch die Trancheen
  Mit der Vernunftsfackel ins Theater gehen.

VIELE STIMMEN *durcheinander.*

    Punkt Sechs wird ja schon eröffnet die Kasse,
So fix durchtunnelt man keine Gasse.
Sie hat so viel Bücher in ihren Poschen,
Da bleibt sie hängen in den Approschen.
Wir ersticken noch alle in dem Gemüll –

MATHILDE *ungeduldig mit den Füßen stampfend.*

    Mir alles gleich – aber ich will, ich will!

Man hört aufrührerisches Gemurmel. Währenddes kommt
der König im eifrigen Gespräche mit mehreren Soldaten eilig
über das Feld daher.

KÖNIG.

    Laßt mich nur erst ein wenig verschnaufen.
Wie gesagt: Partikülier aus fernen Weiten,
Ich habe mich schon ganz müde gelaufen,
Um mit der Zeit recht fortzuschreiten.

ERSTER SOLDAT.

    Da kommen Sie ja eben zurecht allhier.

ZWEITER SOLDAT.

    Da ist jetzt ihr neustes Hauptquartier.

KÖNIG.

    Die falsche Freiheit also, wollt' ich sagen –

DRITTER SOLDAT.

    Ihr Regiment ist nicht mehr zu ertragen!

KÖNIG.

    Zerbrodelt, was uns die Vorzeit ließ.

VIERTER SOLDAT.

    Behält sich den Braten und zeigt uns den Spieß.

RALF *mit den andern hinzutretend.*

    Als ob wir nicht selber Hunger hätten!

KÖNIG.

    Nur Mut! ich zerbreche ihre Ketten.

KUNZ.

    Ja, Fortschritt ohne historische Krücken!

KÖNIG.

    Juste milieu und Völkerbeglücken!

ERSTER SOLDAT.

Und freie Presse!

ZWEITER SOLDAT.

Und deutsche Messe!

DRITTER SOLDAT.

Jedes Maul ohne Gebiß!

KÖNIG.

Aber so hört doch! Ihr versteht mich ganz miß.

RALF.

Und emanzipierten Leib!

ALLE.

Nieder mit dem freien Weib!

MATHILDE.

Das ganze Volk kommt plötzlich in Trab,
Sie treten mir noch die Schleppe ab.

KÖNIG.

So laß't mich doch nur zu Worte kommen!

ALLE.

Sollst unser Führer sein! Frisch auf die Schultern genommen!

*Sie heben den sich sträubenden König auf ihren Schilden
empor und tragen ihn im Triumphe fort.*

KÖNIG.

Aber ich bin ja hier incognito!

GESANG.

Hat Zeit, in steter Metamorpho-

KÖNIG.

Lass't mich herunter, ich krieg' den Schwindel!

GESANG.

Und aus der Windel
Reckt sich und wächst die Zeit
Hinein in die Ewigkeit!

Sie tragen den König fort.

VI.

*Früher Morgen. Garten des Paphnutius, im Hintergrunde sein
Schloß mit Balkon, von dem Stufen hinabführen. Paphnutius
tritt auf.*

PAPHNUTIUS.
Wahrhaftig, da graut der Tag noch kaum.
Ich könnt' nicht schlafen auf meinem Kissen,
Ich träumt' und träumt' – das war ein Traum!
Nun, nun, man kann nicht wissen, man kann nicht wissen –
Die das Schicksal machen, die hohen Herrn,
Sie sehen auch auf Schickseln gern.
Der König war kaum angekommen,
So hatt' er schon die Lorgnette gekommen:
»Es haben mir hier Töchter zu sein geschienen. –«
»Nur eine Base, Ew. Majestät zu dienen.«

Er blickt umher.

Der Morgen mich ordentlich in die Augen sticht.
Ja, wer pries da Jehovahs Allmacht nicht!
Die Blumen, die Bäume, Garten und Wiesen
Lauter Diamanten, Smaragden und Türkisen,
Der Himmel von Dukatengold, auch nicht schlecht –
Mein! was hat er davon, 's ist ja doch nicht echt.
Ja, im Traum erblickt' ich mich voll Entzücken,
Ich mußte mich vor mir selber bücken:
Auf der Brust einen Stern von den reinsten Brillanten,
So eine Art Hausorden von hohen Verwandten –
Unsre Leut' hatten all' die Hüte abgenommen
Und zischelten, ob da nicht der Messias gekommen?
Der Offizier, wie er mich so sieht promenieren,
Ruft selbst: Heraus! Läßt die Trommel rühren
Ich nick' ein wenig, die Wachen präsentieren –

*Er promeniert vorüber; währenddes erscheint der Narr mit
Kron und Szepter auf dem Balkon.*

54

NARR.

Fürwahr, ich seh' recht würdig aus.

So tret' ich freundlich denn hinaus,

Mich dem entzückten Volk zu zeigen;

So – rechts und links mich huldvoll erst verneigen –

Aber wer kommt denn dorther so verwegen,

Als war die Welt an ihm gelegen?

FREIMUND *im Garten.*

Genug bin ich nun in die Hütten gekrochen,

Da war es schmutzig und hat übel gerochen,

Nun will ich an die Paläste pochen –

Da steht ja gleich einer.

Er klopft an die Schloßtür.

NARR.

Herein.

FREIMUND.

Es scheint mir der König selbst zu sein.

Da komm' ich ja eben wie gerufen

Und trete keck an des Thrones Stufen.

NARR.

Guten Morgen, mein lieber Untertan.

FREIMUND *in erhabener Stellung.*

Es führt ein Gott hier einen freien Mann

Zu Ihnen, Sir', eh' Sie der Tag verschachtet –

Ich stand und sann und eine Träne rann,

Denn dunkel war es und das Land umnachtet.

O Sire, lösen Sie des Lichtes Bann,

Wonach die Menschheit freiheitdürstend schmachtet

Und Volkes Schrei wird orgelndes Entzücken!

NARR.

Es hängt der Zopf recht stattlich dir im Rücken.

FREIMUND *erschrocken hinter sich sehend.*

Zopf? mir?

NARR.

Und wenn ich dich dran hängen ließe? –

55

FREIMUND.

Und richtend Sie die Nachwelt: Narr hieße?

NARR *mit über der Brust gekreuzten Armen.*

Welt – Nachwelt – ha, papierne Knabendrachen.

FREIMUND.

O Sire, nicht dies schneidend kalte Lachen!

NARR.

'S ist so mein gähnendes Hyänenlächeln. –
Mich lüstert recht, mit einem Herren Vetter
Um der erschrocknen Gauen Los zu knöcheln.
Es fragt der Blitzstrahl nicht, wen er zerschmetter',
Und über und Völkerröcheln
Geht unbekümmert hin das Donnerwetter! –
Reich's schriftlich ein, ich will dich drauf bescheiden,
Nun geh' und laß dir drinn den Zopf verschneiden.

FREIMUND *für sich.*

Mir graut zwar nicht vor des Tyrannen Wink,
Doch wende ich mich stolz und etwas flink.

Er verneigt sich kalt und springt dann hastig in die Schloßtür.

NARR.

Ha, Marquis Posa, der da dithyrambte,
Fand'st deinen Philipp, der dich überjambte!

PAPHNUTIUS *wieder unten im Garten erscheinend, den Narr erblickend.*

Aha, der schwärmt – von jeher ja beliebten,
So mit sich selbst zu reden die Verliebten.
Ich verstecke mich hier hinter die Ranken
Vielleicht spricht er wieder in Gedanken.

Er tritt hinter eine Laube.

NARR.

Da schweift ein Mädchen schon so früh durch's Grüne.

PAPHNUTIUS.

Ja, dacht' ich's doch – er sieht die Colombine.

NARR.

Ich seh' nur Streifen des Gewands.

56

PAPHNUTIUS.

Ich, Schwiegervater des Vaterlands –

NARR.

Mein großer Tubus, ha, wo ist er?

PAPHNUTIUS.

Elefantenorden – Premier-Minister! –

COLOMBINE *tiefer im Garten singt.*

Pensionsanstalt, wie liegst du so weit,

Langweilige Zeit!

Vor der Anstalt an der Linde

Saß und strickt ich ganz verschneit

Von den Blüten – nicht vom Winde,

Denn der Abend atmet kaum

'S war der Kasperl auf dem Baum.

NARR.

Kasperl? – ja so heiß' ich – welcher Ton?

Woher kennt mich die Person?

COLOMBINE *singt wieder.*

Rosinen und Mandelkern,

Die eß' ich so gern!

Warf er mir auf Schoß und Nacken,

Ja, da sah der Abendstern

Mich so oft zufrieden knacken –

Und nun hat er sich verlaufen,

Muß mir selbst die Mandeln kaufen.

NARR.

Das ist richtig. Ja, sie ist es ohne Frage,

Kenn' die Nachtigall an ihrem Schlage!

Er stürzt in den Garten hinab und prellt mit Paphnutius
zusammen.

Ihr kommt ja grade zurecht wie ein Wechsel auf Sicht!

Ihr seid doch hier auch auf die Gleichheit erpicht,

Runkelrüben und Menschenbeglückung?

PAPHNUTIUS.

Ja wohl, mit untertäniger Entzückung.

NARR.

Vortrefflich! die Lieb' gehört auch in dies Fach:
Ein Ach, ein Bach, einer Hütte Dach
Und zweier zärtlicher Herzen Vereinung –

PAPHNUTIUS.

Bin ganz derselben hohen Meinung.

NARR.

Drum mach' ich mir auch nichts draus,
Ob meine Braut aus einem alten Haus,
Es weiß ja keiner, wie's ihm morgen gehe.

PAPHNUTIUS.

O, ich verstehe. –
Und in der Lieb aufs Herz nur sehe!

NARR.

Was ist Rang, Geld, wenn ich's recht betrachte!

PAPHNUTIUS.

Ha, wie ich diesen Mammon verachte!

NARR.

Kurz: kann ich Euere Jungfer Tochter kriegen?

PAPHNUTIUS.

Sie soll an's klopfende Herz Euch fliegen.

NARR.

Laß't Euch embrassieren, Schwiegerpapa!

PAPHNUTIUS.

Das geht ja ganz vortrefflich, Sassa!

Beide unter heftigen Umarmungen ab.

VII.

Ein andrer Teil des Gartens vor dem Schloß, in der Mitte ein Kirschbaum mit Hecken zu beiden Seiten. Colombine, eine Larve im Gürtel, sitzt auf dem Baume.

COLOMBINE.

Die Kirschen äugeln im Sonnenschein,
Das möcht' so gern gegessen sein.
Da muß ich geschwind noch ein wenig naschen
Und auf die Reise mir füllen die Taschen. –
Wie der Vormund sich streckt und vornehm spricht,
Die Narren denken, ich merk' es nicht:
Zur Hochzeit sie drinnen kochen und braten,
Ich soll den langweiligen König heiraten,
Sitzen mit güldenem Mantel und Krone,
Da lacht' ich halbtot mich auf dem Throne.
Die Untertanen tanzen, die Fiedeln klingen,
Hab' neue Schuh' an, will auch mitspringen!
Die Vögel singen und die Länder blühn,
Die Erde bleibt noch lange, lange grün,
Will in die weite Welt jetzt wandern,
Find' ich den Kasper nicht, find' ich einen andern.
So jetzt die Larve vor's Gesicht,
Nur die Waldvöglein wissen's, die verraten mich nicht.

Indem sie hinabsteigen will, kommt unten Paphnutius an; sie nimmt geschwind wieder die Larve ab und bleibt auf dem Baume.

58

O weh, da hat mich der Vormund entdeckt! –
Was wollt Ihr? Hab't Ihr mich doch erschreckt!
PAPHNUTIUS *ganz, außer Atem.*

Der König – du geruhtest ihm zu gefallen –
Er seufzt und ließ sichtbar ein Ach erschallen,
Die Krone wackelt ihm hin und her
Da fliegt er schon selbst über's Aurikelbeet –

COLOMBINE
Der?!

Für sich.

Herrje! der Kasperl mit Stern und Orden!
Wie ist denn der auf einmal König geworden?
NARR *noch in der Ferne.*
Dort schimmert ihres Röckleins Saum,
Ich wett', das Eichkätzchen sitzt im Baum.
COLOMBINE *für sich.*
Wie'n Kartenkönig! – wart' den will ich necken.

Laut zu Paphnutius.

Versteckt Euch geschwind dort hinter die Hecken,
So hört Ihr, was wir mitsammen diskutieren,
Könnt's Euch gleich mit Bleistift notieren.
NARR *vor dem Baume anlangend.*
Verzeih'n Sie, wohnt hier nicht eine gewisse Colombine?
COLOMBINE *die Larve vornehmend.*
Das bin ich selber, Ew. Majestät zu dienen.
NARR.
Was? – Hast ja eine Nase wie eine Hexe!
COLOMBINE.
Man muß Gott danken für jedes Gewächse.

*Sie wendet sich auf die andere Seite und nimmt die Larve
ab.*

Herr Vormund, er mag mich nicht, wie er spricht,
Denn Eure Nase gefällt ihm nicht!
PAPHNUTIUS.
Ach, das kann ja nicht sein, geh' frag' ihn nur weiter.
COLOMBINE *nach der vorigen Seite, mit der Larve.*
Ihr könn't wohl nicht klettern? Hab' keine Leiter.
NARR.
Geh', sprichst durch die Nase, mir wird ganz graulich.
COLOMBINE *nach der andern Seite, ohne Larve.*
Herr Vormund, er sagt, Euere Nase wär' blaulich.

PAPHNUTIUS.

Was er mit meiner Nase hat, möcht' ich nur wissen.

COLOMBINE *nach der andern Seite, Larve vor.*

Ihr braucht mich ja nicht grade auf die Nase zu küssen.

NARR.

Küssen? Da bin ich gut angekommen,
Am besten hier Reißaus genommen!

Er entflieht.

PAPHNUTIUS *plötzlich mit gezücktem Degen hervorbrechend.*

Ha, Sire! ihr Herz erst brechen in Stücken
Und dann von den Scherben sich heimlich drücken?
Jetzt müßt Ihr sie nehmen und wechseln die Ringe.
Mein, was macht der für große Sprünge!

Er eilt ihm nach.
Die Dienerschaft des Paphnutius stürzt in voller Flucht aus
dem Schlosse hervor.

ERSTER DIENER.

Der Weltweise richtet uns ganz zugrunde!

ZWEITER.

Hängt ihm alleweil ein' Sentenz aus dem Munde!

DRITTER.

Vor Langerweile sterbe ich schon!

VIERTER.

O Gott! Da hält er dir gewiß noch einen Leichensermon.

FÜNFTER.

Da kommt er schon wieder, wohin mich verstecken!

SECHSTER.

Wie er seine Sprüche tut nach uns strecken!

FREIMUND *heraustretend.*

Nun also wende ich mich zum Schluß –

ERSTER.

Wend't Euch nur dorthin, wenn's durchaus sein muß.

FREIMUND.

Ihr überwacht es nicht – der Morgen bricht herein!

WÄCHTER.

Na, was kann ich dafür! ich nickte ein.

FREIMUND.

Und kreisend aus der Nachtgestalten –

ERSTER DIENER.

Das ist ja gar nicht auszuhalten!

FREIMUND.

Die jungen Mächte sich zum Bund –

ZWEITER DIENER.

Allons, das Maul ihm zugespundt!

Sie umringen alle den Regimentsdichter und binden und knebeln ihn.

FREIMUND.

Der Gedanke – und sein Wort – ist – frei –

WÄCHTER.

Da zieht's noch immer nebenbei,

Den Propfen fester zugeschnürt!

ERSTER DIENER.

So, der wär' glücklich quiesziert,

Da setz dich ruhig auf die Banken

Und zerplatz meinetwegen vor Gedanken.

COLOMBINE *vom Baume.*

Herrje! seht doch und laß't das Raufen,

Da ist ein Schornstein fortgelaufen,

Sie setzen ihm nach in vielen Wagen,

Hie, das ist einmal ein lustig Jagen!

WÄCHTER *in die Ferne hinaussehend.*

Ein Irrlicht, Feuermann, Hirngespinste

Das sind so metaphysische Dünste.

ERSTER DIENER.

Nein, das ist so eine Art von Drachen,

Es speit ja Feuer aus dem Rachen.

ZWEITER DIENER.

Und wie's ihm gollert im Leibe,

Ja sehe jeder, wo er bleibe!

DRITTER DIENER.

Jetzt hat sich's bis zur Stadt gewunden,
Ich wünscht', ich wär' von hier verschwunden!

*Der Wächter tutet Feuerlärm, flüchtiges Landvolk stürzt
plötzlich herein.*

EINIGE.

Zu Hilfe, Brand!

ANDRE.

Sie haben den Satan vorgespannt!

ANDRE.

Nichts als Sengen und Morden!

STIMMEN *draußen.*

Weh! die Lokomotive ist toll geworden!

ERSTER DIENER.

Nein, das ist doch impertinent,
Jetzt kommt's grad auf die Stadtmauer losgerennt!

*Ungeheures Krachen, darauf steigt eine Staubwolke auf. Als
sie sich teilt, erblickt man die umgeworfene Lokomotive und
zertrümmerte Waggons, der König, Ralf, Kunz, Nicolai, Biester
und die blaue Monatsschrift treten hastig hervor.*

KÖNIG.

Nein, ich danke für solche Lebensart,
Das war ja eine Teufelsfahrt!

RALF.

Ha, welcher Effekt in diesem Knall,
Das nenn' ich mir einen Überfall!

KÖNIG.

Und die Stadtmauer umzurennen
Die Nachwelt wird Barbar mich nennen.

*Trommelwirbel. Soldaten marschieren auf. Der General tritt
vor.* 61

GENERAL.

Hier scheint die Anarchie zu wohnen,
Platz da, sonst setzt es Kontusionen!

Die bewaffnete Macht tut Gehör verlangen:
Der Fürst ist neulich verloren gegangen,
Die hohen Behörden sind sehr erschrocken,
Die Regierungsmaschine kommt ganz ins Stocken,
Da sandte das hochfürstliche Geschwister
Mich aus, ihn aufzusuchen – das ist er!
ALLE.
Was? wie? wo? welcher denn? der, der, der, der?
GENERAL.
Freilich. – Gebt Achtung, präsentiert das Gewehr!
RALF *für sich.*
Ich dacht' allein hier zu regieren,
Nun fängt mich's an zu ennuyieren.
KUNZ *ebenso.*
Der Ralf hätt' gern uns all' geknecht't,
Etsch, etsch! jetzt sitzt er, das geschieht ihm recht.
WILLIBALD *leise.*
So war nur Schnee die üpp'ge Blüte?
Ich nehm's ironisch denn als Mythe.
MATHILDE. *für sich.*
Da soll mich doch Gott davor behüten,
Alle ihre Konstitutionen auszubrüten.
Will endlich auch unter die Haube kommen.
RALF *vor den König tretend.*
Wir hatten uns längst schon vorgenommen –
MATHILDE.
Aber konnten vor dem Rumpeln nicht zu Worte kommen –
KUNZ.
Es riß der Taten Strom uns fort –
WILLIBALD.
Auch wollten wir das Incognito nicht brechen –
RALF.
Ja, Sire, wir erkannten Sie gleich
Und führten Sie jubelnd in Ihr Reich!
KÖNIG.
Der Dampf ist ein Allerwelt-Haus worden;
Ich ernenn' Euch zu Rittern des Hans-Dampfen-Orden.

FREIMUND.

    Hm, hm –

KUNZ.

    Der Freimund!

FREIMUND.

    Hum, hum, hum.

KÖNIG.

    Er sei Hofdemagog.

RALF.

    Er ist ja stumm.

KÖNIG.

    Nun eben drum.

Zu Mathilde.

Und Ihr sollt den reichen Paphnutius heiraten.

MATHILDE *macht einen Knix.*

    Ringrazio, o Duka- Duka- Dukaten!

NICOLAI.

    Aus dieser retrograden Umnachtung
    Laß't, Hochselige, mit Verachtung
    Den Rücken uns wenden jenem Schwarm.

Zur blauen Monatsschrift.

Reichen Sie, Zarte, mir den Arm.
Hier schleichen Jesuiten verkappt auf den Zeh'n –
Wir wollen anderwärts spuken gehn.

Mit Biester, Nothanker etc. ab.
Narr kommt eilig, Paphnutius hinter ihm drein.

PAPHNUTIUS.

    Der König macht ganz besondre Kapriolen,
    Ich kann ihn schlechterdings nicht einholen.

GENERAL.

    Verpustet, wir haben ihn schon gefunden.

KÖNIG.

    Solch' Treu' ist Balsam für die Wunden,
    Die uns die kalten Kronen drücken.

PAPHNUTIUS.

Ich glaube gar – o welch Entzücken!

NARR *plötzlich stutzend.*

Der König und die Garde? – Das ist doch die Bühne?

Der Platz, der Kirschbaum – da ist Colombine!

Er rennt vergnügt zu dem Kirschbaum, rüttelt und singt.

Es schüttelt der Wind
Vor Freuden die Äste,
Bunt Vöglein geschwind
Zu Neste, zu Neste!

Colombine gleitet vom Baume ihm in den Arm, er küßt sie.

COLOMBINE *ihm mit dem Pantoffel eins versetzend.*

Aber sei doch nicht so dumm,
Es sieht's ja das ganze Publikum!

NARR *tut mit Colombinen einen Fußfall.*

So schrei' auch ich allhier zum Throne:
Ha, dem Verdienste seine Krone!
Paphnutius da, bei dem ich wohne,
In patriotischer Sympathie
Für deine veredelten Menschheits-Gedanken,
Gab er mir die Muhme aus Philosophie!
Ich litt's erst nicht und wollte danken,
Ich sagt' ihm, ich war' nur ein Genie,
Das seine Sach' auf nichts gestellt,
'S half alles nichts – er verachtet Geld,
Rang, Gut und solchen Aberglauben
Und tät' ordentlich vor Aufklärung schnauben –
Ja, ein Kuppelpelz ziehmt ihm, wie mir scheint.

PAPHNUTIUS.

Nein, glaubet ihm nicht – es war nur – ich meint' –

KÖNIG.

Nicht doch, deine Bescheidenheit acht' ich sehr –
Einen Ehrenpelz mit Zymbeln her!

Diener bringen den Pelz.

Den häng' ich dir um mit höchsteignem Arm,
Knöpf dir ihn zu, so sitzt du hübsch warm.

Des Narren und Colombinens Hände zusammenfügend.

Da hab't Euch und mehret Euch jedes Jahr,
Daß die Narren im Reich' nicht werden rar.
Musik, zu Ehren dem jungen Paar!

*Musik. Narr erwischt den Paphnutius, der General reicht der
Colombine den Arm; allgemeiner Tanz; während des Tanzes
singen.*

COLOMBINE.
Was Königskerzen und Kaiserkronen!
Will mit Kasperl unter Lavendel wohnen.
PAPHNUTIUS.
Ich muß vor Wut entsetzlich springen,
Daß der Pelz fliegt und die Zymbeln klingen!
NARR.
Mein hochverehrtes Pu-
Nun wirst du sicher fra-
Und nimmer doch erra-
Wen wir gemeint im Bu-
Es gibt zu viele Na-
Und klingen ihre Sche-
So meint wohlweislich je-
Es sei des andern Ka-
Derweil geht durch die Ko-
Der Ernst incognito.
Ich bin ganz außer A-
Und muß auch gleich heira-
Drum wünsch' ich wohl zu schla-   64

Biographie

1788 *10. März:* Joseph Karl Benedikt Freiherr von Eichendorff wird auf Schloss Lubowitz bei Ratibor (Oberschlesien) als Sohn des preußischen Offiziers Adolf Theodor Rudolf von Eichendorff und seiner Frau Karoline, geb. Koch, geboren.

1793 Aristokratisch-katholische Erziehung durch den geistlichen Hauslehrer Bernhard Heinke (bis 1801).

1794 *Oktober:* Die Familie reist nach Prag.

1800 *12. November:* Beginn der Tagebuchaufzeichnungen. Umfassende Lektüre, unter anderem von Sagen, Abenteuer- und Ritterromanen sowie erste eigene literarische Versuche.

1801 *Oktober:* Zusammen mit dem zwei Jahre älteren Bruder Wilhelm besucht Eichendorff das katholische Gymnasium in Breslau, und lebt im St.-Josephs-Konvikt (bis 1804).
Besonderes Interesse am Theater.
Auf der Leseliste stehen nun Homer, Horaz, deutsche Volksbücher und Gedichte.

1802 Eichendorff spielt kleinere Rollen im Schülertheater.
Er verfasst einige Gedichte und Prosastücke.

1805 Zusammen mit dem Bruder Wilhelm Immatrikulation zum Jurastudium in Halle.
Nebenbei hören sie Literatur- und Philosophievorlesungen bei Friedrich August Wolf und Friedrich Schleiermacher.
Herbst: Reise durch den Harz, nach Hamburg und an die Ostsee.

1807 *Mai:* Fortsetzung des Studiums in Heidelberg. Die Eichendorff-Brüder besuchen unter anderem die Ästhetikvorlesungen von Johann Joseph von Görres.
Bekanntschaft mit Johann Diederich Gries, einem Dichter und Übersetzer romanischer Klassiker.
Beginn der Freundschaft mit dem romantischen Lyriker und Dramatiker Otto Heinrich Graf von Loeben.
Lektüre von Arnims und Brentanos im Vorjahr erschienener Volksliedsammlung »Des Knaben Wunderhorn«.

1808 *April–Juli:* Reise nach Paris und Wien.

Juli: Ankunft in Lubowitz, wo die Brüder den Vater bei der Bewirtschaftung der Familiengüter unterstützen (bis 1810).

1809 *Winter:* Gemeinsame Reise von Wilhelm und Joseph nach Berlin (Aufenthalt dort bis 1810) und Zusammentreffen mit Clemens Brentano, Achim von Arnim, Heinrich von Kleist und Adam Müller.

1810 Eichendorff beginnt mit der Arbeit an »Ahnung und Gegenwart«, einige später darin aufgenommene Gedichte entstehen.
Oktober: Zum Abschluss des Studiums reisen die Brüder nach Wien.

1811 Bekanntschaft mit der Familie Schlegel und Freundschaft mit dem Sohn Dorothea Schlegels, Philipp Veit.

1812 Besuch literaturwissenschaftlicher Vorlesungen bei Friedrich Schlegel und Adam Müller.
Die Eichendorff-Brüder legen die juristischen Referendarsprüfungen ab.

1813 Die Brüder gehen nun getrennte Wege. Wilhelm bleibt in Wien und wird dort österreichischer Beamter.
April: Joseph reist nach Breslau, um als Leutnant im Lützowschen Freikorps am Befreiungskrieg teilzunehmen (bis Dezember 1814).

1814 *Januar:* Militärdienst in Torgau (bis Mai).
Sommer und Herbst: Urlaubsaufenthalt in Lubowitz.
Dezember: Nach der Entlassung aus der Armee reist Eichendorff nach Berlin.

1815 *7. April:* Heirat mit Luise von Larisch.
April: Teilnahme am Befreiungskrieg in Lüttich und Paris (bis Januar 1816).
Eichendorffs erstes Prosawerk, der gesellschaftskritische Roman »Ahnung und Gegenwart« (6 Bände) wird von Fouqué herausgegeben. In dem Buch sind mehr als 50 Gedichte enthalten, darunter »In einem kühlen Grunde« und »O Täler weit, o Höhen«.
30. August: Geburt des Sohnes Hermann Joseph.

1816 Rückkehr aus Frankreich.
Juni: Umzug nach Breslau.
Referendariat bei der Königlichen Regierung (bis 1819).

1817	*Spätsommer:* Aufenthalt in Lubowitz.

1817 *Spätsommer:* Aufenthalt in Lubowitz.
Beginn der Arbeit am »Taugenichts«.
Geburt der Tochter Marie Therese Alexandrine.

1818 *27. April:* Der Vater stirbt.
Die Lorelei-Novelle »Das Marmorbild«, die Eichendorff 1817 in Breslau fertig gestellt hatte, erscheint in Fouqués »Frauentaschenbuch für das Jahr 1819«.

1819 *Oktober:* Eichendorff legt in Berlin die Assessorprüfung ab.
November: Anstellung in Breslau als Assessor bei der Königlichen Regierung.
Geburt des Sohnes Rudolf Joseph Julius.

1820 *Mai:* In Wien Treffen mit dem Bruder und mit Adam Müller.

1821 *Januar:* Eichendorff wird Konsistorial- und Schulrat in Danzig.
September: Anstellung als Regierungsrat.
Geburt der Tochter Agnes Clara.

1822 *April:* Tod der Mutter.

1823 Das erste Kapitel des »Taugenichts« wird in den »Deutschen Blättern« veröffentlicht.
Herbst: Vertretungstätigkeit am Berliner Ministerium für geistliche, Unterrichts- und Medizinal-Angelegenheiten.
Umgang mit Adelbert von Chamisso, Willibald Alexis und Julius Eduard Hitzig.
»Krieg den Philistern. Dramatisches Märchen in fünf Abenteuern« (vordatiert auf 1824).

1824 Eichendorff wird Oberpräsidialrat in Königsberg.

1826 Eine der bekanntesten romantischen Novellen, »Aus dem Leben eines Taugenichts«, erscheint. Auch in diesem Prosawerk Eichendorffs finden sich viele, zum Teil sehr bekannte Gedichte, z.B. »Wem Gott will rechte Gunst erweisen« und »Wohin ich geh und schaue«.

1827 Da sich wegen Uneinigkeit mit seinem Vorgesetzten die Arbeitsbedingungen in Königsberg zunehmend verschlechtern, beginnt Eichendorff, sich um eine neue Anstellung in West- oder Süddeutschland zu bemühen.

1828 »Meierbeths Glück und Ende. Tragödie mit Gesang und Tanz«.
»Ezzelin von Romano« (Trauerspiel).

1830 »Der letzte Held von Marienburg« (Trauerspiel).

Geburt der Tochter Anna Hedwig Josephine.

1831 *Sommer:* Eichendorff arbeitet in Berlin in mehreren Ministerien, ab Herbst im Außenministerium (bis Juni 1832).

1832 Tod der Tochter Anna Hedwig Josephine.
Eichendorff schreibt den Gedichtzyklus »Auf meines Kindes Tod«.
»Viel Lärmen um Nichts«, eine satirische Erzählung mit autobiographischen Elementen, erscheint (vordatiert auf 1833).

1833 »Die Freier« (Lustspiel in Prosa und Versen).
Beginn der Veröffentlichung von Gedichten im von Chamisso und Gustav Schwab herausgegebenen »Deutschen Musenalmanach«.

1834 »Dichter und ihre Gesellen« (Erzählung).

1836 Die Novelle »Das Schloß Dürande« erscheint in »Urania. Taschenbuch auf das Jahr 1837«.

1837 Die erste Sammlung von Eichendorffs »Gedichten«, zum Teil aus den erzählenden Werken, wird veröffentlicht.
Viele der Gedichte sind, vertont von Robert Schumann und anderen, zu bekannten Volksliedern geworden.

1838 Aufenthalt in München und Treffen mit Görres und Brentano. Weiterreise nach Wien.

1840 Eichendorffs Übersetzung der im 14. Jahrhundert entstandenen Erzählung »Der Graf Lucanor« von Don Juan Manuel erscheint.

1841 *Januar:* Eichendorff wird zum Geheimen Regierungsrat ernannt und in den Vorstand des Berliner Vereins für den Kölner Dombau berufen.
»Werke« (4 Bände).

1843 *Februar:* Eichendorff erkrankt an einer Lungenentzündung.
Mai–September: Arbeitsaufenthalt in Danzig und Marienburg.

1844 »Die Wiederherstellung des Schlosses zu Marienburg«.
Juni/Juli: Eichendorff wird aus gesundheitlichen Gründen pensioniert.

1845 *Sommer:* Aufenthalt in Sedlnitz und Wien, wo er den Bruder Wilhelm trifft.

1846 »Geistliche Schauspiele von Calderon« (Übersetzungen).
September: Reise nach Wien (bis Mai 1847).

1847 Zusammentreffen mit Adalbert Stifter und Franz Grillparzer.
Bekanntschaft mit dem Komponisten Robert Schumann.
»Über die ethische und religiöse Bedeutung der neueren romantischen Poesie in Deutschland«.
Dezember: Umzug nach Berlin.

1848 *Mai:* Wegen der Berliner Revolution Wohnungswechsel nach Köthen und Dresden.
Entstehung politischer Gedichte.
Der Aufsatz »Die deutschen Volksschriftsteller« erscheint in den »Historisch-politischen Blättern«.

1849 *Januar:* Tod des Bruders Wilhelm.
Mai: Wegen des Dresdener Aufstandes vorübergehende Übersiedlung nach Köthen.
Herbst: Rückkehr nach Berlin.

1851 *Sommer:* Besuch in Sedlnitz.
»Der deutsche Roman des achtzehnten Jahrhunderts in seinem Verhältnis zum Christentum«.

1853 »Julian« (Epos).
»Geistliche Schauspiele von Calderon« (Übersetzungen, 2. Band).
November: Eichendorff erhält in München den Maximiliansorden für Wissenschaft und Kunst.

1854 In Berlin Zusammentreffen mit Theodor Fontane, Paul Heyse und Theodor Storm.
»Zur Geschichte des Dramas«.

1855 *Januar:* Die Ehefrau Luise erkrankt schwer.
Mai: Gemeinsame Übersiedlung nach Köthen.
»Robert und Guiscard« (Epos).
Sommer: Kur in Karlsbad.
November: Umzug nach Neiße.
3. Dezember: Tod Luises.

1856 *Sommer:* Auf Einladung des Breslauer Fürstbischofs Heinrich Förster Aufenthalt auf Schloss Johannesberg.
Dezember: »Geschichte der poetischen Literatur Deutschlands« (2 Teile, vordatiert auf 1857).

1857 *Sommer:* Aufenthalt in Sedlnitz und auf Schloss Johannesburg.
»Lucius« (Epos).

26. November: Eichendorff stirbt in Neiße.

Karl-Maria Guth (Hg.)

Erzählungen aus dem Biedermeier

HOFENBERG

Karl-Maria Guth (Hg.)

Erzählungen aus dem Biedermeier II

HOFENBERG

Karl-Maria Guth (Hg.)

Erzählungen aus dem Biedermeier III

HOFENBERG

Erzählungen aus dem Biedermeier

Biedermeier - das klingt in heutigen Ohren nach langweiligem Spießertum, nach geschmacklosen rosa Teetässchen in Wohnzimmern, die aussehen wie Puppenstuben und in denen es irgendwie nach »Omma« riecht.

Zu Recht. Aber nicht nur.

Biedermeier ist auch die Zeit einer zarten Literatur der Flucht ins Idyll, des Rückzuges ins private Glück und der Tugenden. Die Menschen im Europa nach Napoleon hatten die Nase voll von großen neuen Ideen, das aufstrebende Bürgertum forderte und entwickelte eine eigene Kunst und Kultur für sich, die unabhängig von feudaler Großmannssucht bestehen sollte.

Georg Büchner Lenz **Karl Gutzkow** Wally, die Zweiflerin **Annette von Droste-Hülshoff** Die Judenbuche **Friedrich Hebbel** Matteo **Jeremias Gotthelf** Elsi, die seltsame Magd **Georg Weerth** Fragment eines Romans **Franz Grillparzer** Der arme Spielmann **Eduard Mörike** Mozart auf der Reise nach Prag **Berthold Auerbach** Der Viereckig oder die amerikanische Kiste

ISBN 978-3-8430-1884-5, 444 Seiten, 29,80 €

Erzählungen aus dem Biedermeier II

Annette von Droste-Hülshoff Ledwina **Franz Grillparzer** Das Kloster bei Sendomir **Friedrich Hebbel** Schnock **Eduard Mörike** Der Schatz **Georg Weerth** Leben und Taten des berühmten Ritters Schnapphahnski **Jeremias Gotthelf** Das Erdbeerimareili **Berthold Auerbach** Lucifer

ISBN 978-3-8430-1885-2, 440 Seiten, 29,80 €

Erzählungen aus dem Biedermeier III

Eduard Mörike Lucie Gelmeroth **Annette von Droste-Hülshoff** Westfälische Schilderungen **Annette von Droste-Hülshoff** Bei uns zulande auf dem Lande **Berthold Auerbach** Brosi und Moni **Jeremias Gotthelf** Die schwarze Spinne **Friedrich Hebbel** Anna **Friedrich Hebbel** Die Kuh **Jeremias Gotthelf** Barthli der Korber **Berthold Auerbach** Barfüßele

ISBN 978-3-8430-1886-9, 452 Seiten, 29,80 €

Erzählungen der Frühromantik

1799 schreibt Novalis seinen Heinrich von Ofterdingen und schafft mit der blauen Blume, nach der der Jüngling sich sehnt, das Symbol einer der wirkungsmächtigsten Epochen unseres Kulturkreises. Ricarda Huch wird dazu viel später bemerken: »Die blaue Blume ist aber das, was jeder sucht, ohne es selbst zu wissen, nenne man es nun Gott, Ewigkeit oder Liebe.«

Tieck Peter Lebrecht **Günderrode** Geschichte eines Braminen **Novalis** Heinrich von Ofterdingen **Schlegel** Lucinde **Jean Paul** Des Luftschiffers Giannozzo Seebuch **Novalis** Die Lehrlinge zu Sais
ISBN 978-3-8430-1878-4, 416 Seiten, 29,80 €

Erzählungen der Hochromantik

Zwischen 1804 und 1815 ist Heidelberg das intellektuelle Zentrum einer Bewegung, die sich von dort aus in der Welt verbreitet. Individuelles Erleben von Idylle und Harmonie, die Innerlichkeit der Seele sind die zentralen Themen der Hochromantik als Gegenbewegung zur von der Antike inspirierten Klassik und der vernunftgetriebenen Aufklärung.

Chamisso Adelberts Fabel **Jean Paul** Des Feldpredigers Schmelzle Reise nach Flätz **Brentano** Aus der Chronika eines fahrenden Schülers **Motte Fouqué** Undine **Arnim** Isabella von Ägypten **Chamisso** Peter Schlemihls wundersame Geschichte **Hoffmann** Der Sandmann **Hoffmann** Der goldne Topf
ISBN 978-3-8430-1879-1, 408 Seiten, 29,80 €

Erzählungen der Spätromantik

Im nach dem Wiener Kongress neugeordneten Europa entsteht seit 1815 große Literatur der Sehnsucht und der Melancholie. Die Schattenseiten der menschlichen Seele, Leidenschaft und die Hinwendung zum Religiösen sind die Themen der Spätromantik.

Brentano Die drei Nüsse **Brentano** Geschichte vom braven Kasperl und dem schönen Annerl **Hoffmann** Das steinerne Herz **Eichendorff** Das Marmorbild **Arnim** Die Majoratsherren **Hoffmann** Das Fräulein von Scuderi **Tieck** Die Gemälde **Hauff** Phantasien im Bremer Ratskeller **Hauff** Jud Süss **Eichendorff** Viel Lärmen um Nichts **Eichendorff** Die Glücksritter
ISBN 978-3-8430-1880-7, 440 Seiten, 29,80 €